Die besten Pferdegeschichten für Erstleser

Von echten Pferdefreunden und dem Glück auf vier Hufen

Liebe Eltern,

jedes Kind ist anders. Eines kennt bereits alle Buchstaben in
der Vorschule und kann sie zu Wörtern formen. Ein anderes
lernt das Abc beim Eintritt in die Schule. Für das spätere
Leseverhalten ist das völlig unerheblich. Wichtig aber ist der
Spaß am Lesen – und zwar von Anfang an. Darum muss
sich die konzeptionelle Entwicklung von Lesetexten an den
unterschiedlichen Lernentwicklungen der Kinder orientieren.
Unser Bücherbär-Erstleseprogramm umfasst deshalb
verschiedene Reihen für die Vorschule und die ersten beiden
Schulklassen. Sie bauen aufeinander auf und holen die Kinder
dort ab, wo sie sind. So wird der Lernprozess auch für den
fortgeschrittenen Erstleser leichter und die Freude am Lesen
hält ein Leben lang.

Die Geschichten in diesem Band richten sich an
Leseanfänger in der 2. Klasse.

In Zusammenarbeit mit
westermann

Volkmar Röhrig

Die besten Pferdegeschichten für Erstleser

Von echten Pferdefreunden und dem Glück auf vier Hufen

Mit Bildern von Milada Krautmann

Arena

Volkmar Röhrig,
geboren 1952 in Lützen, studierte Germanistik
und Kulturwissenschaft, arbeitete u. a. als Hörspieldramaturg,
Regieassistent und Lektor. Heute betreibt er eine PR-Agentur
und schreibt Hörspiele sowie Kinder- und Jugendbücher.
Er lebt in Mainstockheim und Leipzig.

Milada Krautmann
hat ihre künstlerische Ausbildung an der Kunstgewerbeschule
in Prag sowie in Brüssel und Paris erhalten. Sie arbeitet in verschiedensten
Techniken. Der größte Anteil ihrer Illustrationen ist Naturthemen gewidmet.
Sie ist für zahlreiche Verlage tätig – vorwiegend im Kinder-
und Jugendbuchbereich.

1. Auflage 2018
© Arena Verlag GmbH, Würzburg 2018
Alle Rechte vorbehalten
Einbandillustration: Milada Krautmann
Gesamtherstellung: Westermann Druck Zwickau GmbH
ISBN 978-3-401-71184-3

www.arena-verlag.de

Inhalt

Pferdegeschichten

Ponygeschichten

Pferdegeschichten

Lena, Lukas und Lotte

Lena und Lukas sind die besten Freunde.
Sie wohnen in der Stadt und gehen
gemeinsam in die zweite Klasse.
Im letzten Sommer haben beide Ferien auf
einem Bauernhof gemacht.

Seither reiten sie gern und fahren zweimal im Monat mit dem Bus zu einem weit entfernten Reiterhof.

Denn in der Nähe der Stadt gibt es keine Reitmöglichkeit. Und ihre Eltern können kein Pferd kaufen. Das kostet viel Geld. Das Pferd braucht einen Stall, Futter und Stroh. Auch der Tierarzt und die Reitausrüstung sind teuer.

Vor allem aber braucht ein Pferd Zeit. Nicht nur zum Ausreiten! Man muss sich täglich um das Pferd kümmern. Auch im Winter muss man Zeit haben, wenn andere Schlitten fahren, oder im Sommer, wenn schönstes Badewetter ist.

Die Eltern haben ihnen das oft erklärt. Und Lena und Lukas wissen es auch selbst.

„Trotzdem wäre ein Pferd schön!", sagt Lena manchmal traurig.

Gar nicht weit weg von der Stadt wohnt
Lotte im Stall des Bauern Klein in Euerfeld.
Denn Lotte ist ein Pferd, eine
Haflingerstute. Sie ist schon fünfzehn
Jahre alt. Und sie hat ein hellbraunes Fell.
Nur ihre prächtige Mähne und der lange
Schweif sind weißblond.

Noch vor einiger Zeit zog Lotte Bäume aus
dem Wald. Sie zog auch den Pflug übers
Feld oder einen Wagen voll Zuckerrüben in
die Scheune. Manchmal ritt der Bauer mit
ihr über die Wiesen.
Aber dem Bauer Klein wurde die Arbeit mit
dem Pferd zu schwer und er kaufte einen
Traktor.

Seither gibt es nichts mehr zu tun für Lotte.
Geritten wird sie auch nur noch selten.
Stattdessen steht sie nun im Stall und
langweilt sich.
Deshalb setzt der Bauer eine Anzeige in
die Zeitung, darin steht:
„Ich habe einen Haflinger und brauche Hilfe.
Bauer Klein aus Euerfeld"

Lenas Eltern lesen die Anzeige und sprechen mit den Eltern von Lukas. Danach reden alle mit den Kindern. Lukas und Lena sind natürlich sofort begeistert. Am Wochenende fahren beide Familien in das nahe Dorf.

Vor dem Haus des Bauern parkt ein Jeep mit einem Anhänger. Darauf steht in großen Buchstaben:

„Würzig, lecker, zart und weich –
kaufen Sie mein Pferdefleisch!"

Lena und Lukas rennen auf den Bauernhof. Ein dicker, schwitzender Mann mustert gerade die Haflingerstute. Die tänzelt nervös vor dem Stall hin und her. Sie hat den Schweif zwischen die Hinterbeine geklemmt und die angelegten Ohren zittern. Sie mag den Geruch des Mannes nicht, er macht ihr Angst.

„Das gibt gute Wurst!", sagt der Fleischer.
„Für 2.000 Euro nehme ich das Tier sofort
mit!"
„Nein!", rufen Lena und Lukas erschrocken.
„Was wollt ihr denn hier?", fragt Bauer
Klein erstaunt.
„Wir wollen nicht, dass das Pferd
geschlachtet wird!", sagt Lena.
Der Bauer lacht. „Lotte wird niemals
geschlachtet!"
Der Fleischer schüttelt den Kopf: „Das
werden Sie bereuen. So viel wie ich zahlt
Ihnen niemand für den Gaul!"
Dann verlässt er verärgert den Hof.
Lena und Lukas beruhigen die
Haflingerstute. Lena hat Möhren
mitgebracht, und Lukas streichelt den Hals
des Pferdes. Lotte frisst die Möhren,
schlägt mit dem Schweif und spitzt

aufmerksam die Ohren. Bauer Klein staunt,
dass die drei sich sofort verstehen.

Lenas Mutter sagt: „Wir haben nicht so viel
Geld wie der Fleischer."

Und Lukas' Mutter ergänzt: „Wir haben in
der Stadt auch keinen Stall."

Der Bauer nickt verständnisvoll.

Lukas' Vater zeigt zum Stall, zum
Wohnhaus und zum Hoftor.

„Wie ich sehe, könnten Sie unsere Hilfe
gebrauchen. Ich bin Zimmermann."

„Und ich Maurer!", fügt der Vater von Lena
hinzu.

„Natürlich!", sagt Bauer Klein erfreut. „Und
Lena und Lukas kümmern sich um Lotte."

„Juhu!", jubeln Lena und Lukas. „Wir
können jeden Tag mit dem Fahrrad
kommen, es ist doch nicht weit!"

„Einverstanden!", sagt der Bauer zufrieden.

„Dann verkaufe ich Ihnen die Haflingerstute
für 500 Euro!"
Lenas Mutter staunt. „Das sind für jeden
von uns nur 250 Euro!"

„Lotte kann in ihrem Stall bleiben. Futter und Stroh gibt es genug in der Scheune. Und bei der Heuernte können Lena und Lukas ja helfen", meint Bauer Klein.

„Zaumzeug, Sattel, Putzkasten und andere Dinge sind auch da", fügt er noch hinzu. „Und hinter der Scheune gibt es eine Wiese zum Reiten. Das alles bekommen Sie kostenlos, wenn Sie mir beim Reparieren helfen. Größere Arbeiten bezahle ich natürlich!"

„Einverstanden!", sagen beide Männer gleichzeitig, und dann geben sich alle die Hand.

„Dürfen wir mit Lotte auf die Wiese?", rufen die Kinder.

„Natürlich", sagt Bauer Klein schmunzelnd.

„Lauf, Lotte, du kennst doch den Weg!"

„Hurra, hurra! Wir haben ein Pferd!", jubeln Lena und Lukas und laufen der

Haflingerstute hinterher. Lotte tobt
ausgelassen über die Wiese. Lena tanzt
glücklich im Kreis, und Lukas macht vor
Freude Purzelbäume im Gras.

„Moment mal!", sagt Lena plötzlich
nachdenklich. „Wir haben zusammen ein
Pferd, also hat jeder ein halbes. Ich will die
vordere Hälfte mit der prächtigen Mähne!"

Lukas guckt sie verständnislos an. Da lacht
Lena. „Ätsch, war nur Spaß!"
Da lacht auch Lukas. Und Lotte wiehert
und zeigt ihr großes Gebiss.
Das sieht aus wie ein Lachen.

Silbermond

„Lauf, Silbermond, lauf!", ruft Jennifer.
Vor ihr liegt das letzte und schwierigste
Hindernis. Sie lässt die Zügel locker und
beugt sich so weit vor, dass ihr Gesicht fast
die Mähne des Pferdes berührt. Im Galopp
jagt der irische Wallach auf die Mauer zu.
Sein Hals ist lang gestreckt, seine silberne
Mähne fliegt im Wind. Kraftvoll und
rhythmisch trommeln die Hufe über den
Boden.
Genau im richtigen Moment drückt
Silbermond ab.

Jennifer spürt den Ruck, der durch den Körper des Tieres geht. Einen Augenblick lang scheinen beide schwerelos in der Luft zu schweben. Unter ihnen bleibt die Mauer zurück. Dann berührt der Wallach wieder den Boden. Geschafft!

„Hurra!", jubelt Jennifer außer Atem und umarmt den Hals des Pferdes. Silbermond schnaubt übermütig. Es klingt wie eine Zustimmung.

Plötzlich klatscht jemand in die Hände.
Jennifer dreht sich um und sieht Felix am
Gatterzaun.

„Super, Jenny!", ruft er und läuft ihr
entgegen. „Silbermond war mit den
Hinterbeinen locker einen Meter über der
Mauer!"

Jennifer knurrt ärgerlich. „Lern du erst mal
die richtigen Wörter! Das heißt nämlich
Hinterhand beim Pferd. Und mein Name ist
Jennifer, kapiert?"

Jennifer ist so alt wie Felix. Aber sie kann
ihn nicht besonders leiden. Erstens hat er
mehr Sommersprossen im Gesicht als
Pferdeäpfel auf einen Misthaufen passen.
Zweitens ist er ein Frischling, also neu auf
dem Reiterhof. Drittens hat er kaum
Ahnung von Pferden. Doch am meisten
regt sie auf, dass Felix ausgerechnet

Silbermond für seine Reitstunden zugeteilt bekommen hat.

Der Wallach beschnuppert den Jungen und lässt sich bereitwillig streicheln. Felix freut sich.

„Siehst du, Silbermond mag mich auch!"
Jennifer zieht energisch die Zügel straff.
Erschrocken wirft das Pferd den Kopf
zurück.
„Mein Training geht bis um vier!", faucht
sie. „Bilde dir ja nicht ein, dass du
Silbermond eine Sekunde früher
bekommst!"
„Ich . . . ich . . .", stottert Felix überrascht.
„Ich habe doch gar nichts gesagt."
Im selben Augenblick reitet Marc mit Laila
auf den Platz. Laila ist eine wunderschöne
weiße Araberstute. Sie gehört Marc, seine
Eltern haben sie ihm geschenkt. Marc ist
schon zwölf. Er hat blondes, lockiges Haar
und trägt immer supermoderne
Markenklamotten. Marc ist ein sehr guter
Reiter, und Jennifer mag ihn. Stolz trabt er
mit Laila heran.

Der Wallach beschnuppert die Stute. Und
Laila tänzelt ganz nah an ihn heran.
„Hallo, Jenny", sagt Marc spöttisch. „Gibst
du dem Anfänger Nachhilfeunterricht?"
„Quatsch!", antwortet Jennifer etwas
verlegen. „Ich trainiere für das Turnier."

Marc lacht. „Wird nicht viel nutzen, denn ich gewinne sowieso!"

„Jenny . . . äh, Jennifer wird gewinnen!", sagt Felix trotzig. „Da wette ich mit dir um eine nagelneue Reitgerte. Jennifer hat nämlich gerade alle Hindernisse fehlerfrei geschafft!"

Marc schaut erstaunt. „Alle Hindernisse?", fragt er ungläubig.

„Auch den Wassergraben?"

Felix wehrt ab. „Der Wassergraben gehört nicht zum Turnier!"

Aber Marc schüttelt den Kopf. „Ha, ich hab's doch gewusst! Der Wallach schafft niemals den Wassergraben!"

Empört richtet sich Jennifer im Sattel auf. „Silbermond schafft alles, wenn er will. Auch den Wassergraben!"

Marc lacht Jennifer aus. „Das schafft der nie.

Da wette ich mit dir sogar um zwei
Reitgerten!"
Jennifer überlegt einen kurzen Moment.
Dann sagt sie entschlossen:
„Einverstanden, Marc! Die Wette gilt!"

Felix greift nach Silbermonds Zügel und sagt: „Nein! Er darf nicht an den Wassergraben. Der Reitlehrer hat es verboten! Silbermond hat jedes Mal gescheut und einige Schüler sogar abgeworfen!"

Doch Jennifer stößt seine Hand weg und ruft: „Lauf, Silbermond, lauf!" Und wieder galoppiert der irische Wallach los, mit lang gestrecktem Hals und trommelnden Hufen. Die Jungs gucken ihm nach, Felix erschrocken und Marc spöttisch lächelnd. Jennifer lenkt das Pferd zum Wassergraben. Der kommt näher und näher.

„Bitte, Silbermond!", flüstert sie flehend.

„Spring, hab keine Angst! Du schaffst es!" Einen Augenblick zögert das Pferd. Dann aber stößt es sich kraftvoll vom Boden ab. Silbermond streckt sich.

Noch nie ist er so hoch und so weit gesprungen. Der Graben huscht unter ihnen hinweg. Und fast wirft die Wucht des Aufsetzens Jennifer aus dem Sattel.

„Hurra!", schreit Felix. „Geschafft,
geschafft!"
Jennifer umarmt den Hals ihres Pferdes.
Und vor Aufregung und Freude, vor Stolz
und Glück rollen ihr Tränen über die
Wangen.

Als sie zurückreitet, steht Felix allein am Gatter.

„Wo ist Marc?", fragt Jennifer.

„Der Angeber ist abgehauen", antwortet Felix strahlend, und die vielen Sommersprossen auf seinem Gesicht strahlen mit. „Er legt die zwei Reitgerten in Silbermonds Box, hat er gesagt."

Jennifer holt tief Luft und nickt. Sie schaut zurück auf die Hindernisse und guckt lange den Wassergraben an. „Eine der Gerten schenke ich dir", meint sie schließlich.

Felix fragt erstaunt: „Aber warum?"

„Einfach so!", sagt Jennifer. „Und ab heute kannst du mich Jenny nennen."

Silbermond schnaubt und schlägt mit dem Schweif, als würde der Wallach alles verstehen.

Richtige Indianer

Sarah und Pia radeln zum Reiterhof. „Das
Beste an der Schule sind die Ferien!",
jubelt Sarah.
„Stimmt", antwortet Pia lachend. „Und das
Allerbeste an den Ferien sind Pferde!"
Wie an jedem Ferienmorgen radeln sie
zum Reiterhof.
Pia fragt: „Wollen wir heute zum See
reiten?"

„Tolle Idee", antwortet Sarah. „Da können wir mit Sams und Schneeflocke schwimmen."

Sams hat ein hellbraunes Fell mit vielen dunklen Flecken. Und Schneeflocke ist vom Schweif bis zur Mähne weiß, also ein richtiger Schimmel.

Der Weg zum Reiterhof führt am See vorbei. Plötzlich hören die Mädchen Trommeln und Schreie. Dann sehen sie ein Zelt am Ufer.

An einen Baum ist ein Junge gefesselt. Um ihn herum springen drei Jungen im Kreis, sie schwingen Messer und Beile und schreien: „How – how – how!"

Ein vierter schlägt dazu auf eine Trommel. Alle sind als Indianer verkleidet mit Federschmuck auf dem Kopf und wild bemalten Gesichtern.

Sarah und Pia halten erstaunt an. Ein Junge entdeckt sie und schreit: „Bleichgesichter!"

Sofort umringen alle die Mädchen.
Nur der Junge am Baum ruft:
„Bindet mich los!"
Sarah zeigt zu ihm und sagt:
„Was soll das? Lasst ihn frei!"

Der größte Junge schwingt sein Kunststoffbeil. „Das ist ein Gefangener!", sagt er wichtigtuerisch. „Wir sind auf dem Kriegspfad, und ich bin Häuptling Sitting Bull, how!"

Der zweite Junge wedelt mit seinem Gummimesser und fragt: „Soll ich sie skalpieren?"

Sitting Bull tippt sich an den Kopf. „Wozu brauchen wir Mädchenhaare, Schwarzer Adler?"

„Na, als Kriegsbeute!", antwortet Schwarzer Adler.

Der dritte Junge meint: „Wir nehmen sie gefangen. Sie müssen kochen und unsere Sachen waschen!"

„Spinnst du?", entgegnet der Trommler. „Ich ziehe mich doch nicht vor Mädchen aus!"

Der Junge vom Baum ruft wieder: „Max,
bindet mich los!"
Sitting Bull hebt die Hand. „Ruhe! Wir
wollen eure Pferde als Beute! How, ich
habe gesprochen!"

Pia fragt verständnislos: „Welche Pferde?"
Der Häuptling zeigt auf ihre Fahrräder:
„Diese Drahtpferde, how!"
„How – how – how!", johlen die anderen im

Chor und schwingen wieder ihre Messer und Beile.

„Ihr spinnt doch!", sagt Sarah empört. „Los, wir hauen ab!"

Blitzschnell radeln die Mädchen los. Die Jungs können nur noch hinterhergucken.

Wie jeden Morgen begrüßen Sarah und Pia die Pferde mit einem Leckerli. Sams mag Äpfel und Schneeflocke am liebsten knackige Möhren. Dann kommen die Tiere auf die Koppel hinter den Stall.
Ausgelassen toben sie mit den anderen über die Wiese. Hier gibt es viel saftiges Gras und auch eine Wassertränke.
Dann säubern die Mädchen die Boxen. Sie schaffen die Pferdeäpfel und das alte Stroh auf den Misthaufen und streuen frisches auf den Stallboden.

Dabei reden sie über die Jungs am See.

„Die waren so doof!", sagt Sarah empört.

Pia nickt wütend. „Die wollten uns die Fahrräder wegnehmen! Das ist doch kindisch!"

Sarah überlegt. „Ob die uns auch gefesselt hätten?"

Pia zuckt mit den Schultern. „So wie den Jungen am Baum? Das war wirklich gemein!"

Plötzlich legt sie die Mistgabel auf die Schubkarre und sagt: „Ich habe eine Idee! Komm mit!"

Auf dem Weg zur Sattelkammer erzählt Pia ihre Idee. Sarah klatscht begeistert in die Hände. „Das machen wir!"

In einem Schrank finden sie Bänder, Tücher, Kostüme und andere Sachen, die jedes Jahr für das große Reiterhoffest gebraucht werden.

Sie verkleiden sich und malen sich Farbe ins Gesicht. Schließlich sehen sie aus wie richtige Indianermädchen. Wie gefährlich wilde Indianermädchen auf dem Kriegspfad!
Sams und Schneeflocke schütteln verwundert die Köpfe. Aber sie lassen sich gern Bänder in die Mähne flechten.

Und als sie die Sättel aufgelegt bekommen,
schnauben sie unternehmenslustig. Sie
wissen, dass sie jetzt ausreiten.
„Jippie, ho – ho!", rufen Sarah und Pia und
galoppieren vom Hof. Wie der Wind jagen
sie zum See.
Die Jungen sitzen gerade vor dem Zelt. Da
galoppieren die Mädchen heran.
Erschrocken lassen die Jungs ihre Messer
und Beile fallen und rennen schreiend
auseinander.

Einer flüchtet ins Zelt, einer kriecht unter
einen Busch, einer klettert auf den Baum.
Der Trommler fällt vor Schreck mit dem
Hintern in seine Trommel und klemmt darin
fest. Und der große Häuptling Sitting Bull
rennt in den See und steht bis zum Bauch
im Wasser.
„Was ist, ihr Indianer?", ruft Sarah. „Ich
denke, ihr seid auf dem Kriegspfad und
wollt unsere Pferde. Na los, holt sie
euch!"

„Da-da-das war bloß Spa-Spa-Spaß!",
stottert der Häuptling kleinlaut, aber traut
sich nicht aus dem Wasser.

„Und wer wollte uns die Haare
abschneiden?", fragt Pia.

Der Junge im Zelt steckt vorsichtig seinen
Kopf heraus und nuschelt verlegen: „Das
habe ich nur so gesagt, ehrlich!"

„Und wo ist der Junge, den ihr gefesselt
habt?", fragt Sarah.

„Ich bin hier!", ruft da jemand ganz oben
aus dem Baum. „Aber das war doch bloß
ein Spiel!"

Die Mädchen sehen sich an und lachen.

„Los!", sagt Sarah. „Jetzt lassen wir Sams
und Schneeflocke erst mal schwimmen!"

Sie nehmen ihnen die Sättel ab, und die
Pferde laufen geradezu ins Wasser. Pia
und Sarah halten sie an den Halftern und
laufen einfach mit in den See.

Sie vergessen sogar, ihre Sachen
auszuziehen.

Die Jungen stehen am Ufer, beobachten die Mädchen, stecken die Köpfe zusammen und flüstern. Schließlich ruft Sitting Bull: „Wir begraben das Kriegsbeil! Wenn ihr wollt, könnt ihr mitspielen!"

Sarah und Pia sehen sich erstaunt an und kommen mit den Tieren aus dem Wasser.

„Was wollen wir denn spielen?", fragt Sarah.

„Na, Indianer", antwortet der Trommler. Seine Hose hat am Hintern einen langen Riss. Er und die anderen weichen respektvoll vor Sams und Schneeflocke zurück.

Pia lacht. „Ihr seid doch gar keine richtigen Indianer ohne Pferde!"

Die Jungen gucken sich verlegen an.

„Aber ihr könnt mit auf den Reiterhof kommen!", sagt Sarah. „Da gibt es genug

Pferde. Es werden auch immer kräftige Helfer gebraucht. Und ihr könnt reiten lernen."

„Wirklich?", fragt Sitting Bull.

„Wirklich!", sagt Pia. „Dann können wir zusammen richtig Indianer spielen!"

Der Cowboy

Alex kaspert im Schulbus herum. Vor ihm
sitzen die Zwillinge Cora und Doro.
„He!", ruft Alex und grapscht nach Coras
Haaren. „Nachher zeige ich euch, wie ein
echter Cowboy reitet!"
„Lass das!", faucht Cora.
Die Zwillinge sind die kleinsten Mädchen in
der Klasse. Alex ärgert sie oft, am liebsten
Cora.
Doro dreht sich zu Alex. „Bist du überhaupt
schon mal geritten?"
„Der?", sagt Cora spöttisch. „Vielleicht auf
dem Klodeckel!"
„Reiten ist kinderleicht!", gibt Alex an.

„Einfach drauf auf den Gaul, die Peitsche
knallen, und ab geht's!" Dabei zieht er an
Coras Haaren und ruft: „Hü, Pferdchen,
Galopp!"
Cora kreischt: „Hör auf, du Blödmann!"
Doro flüstert: „Der wird sich wundern!
Rache ist süß!"

Frau Hübner, die Lehrerin, klatscht in die Hände. „Gleich sind wir auf dem Pferdehof."

Der Bus hält. Auf dem Hof wartet Herr Mellinger, der Reitlehrer. Als er die Zwillinge sieht, winkt er. „Psst!", zischt Doro geheimnisvoll. „Sie kennen uns beide nicht!"

Herr Mellinger nickt. Dann ruft er die Klasse zusammen. „So, Kinder. Wart ihr schon mal hier?"

Alle schütteln den Kopf. „Noch nie!", sagen Cora und Doro grinsend.

Herr Mellinger schmunzelt. „Gut! Dann machen wir jetzt einen Rundgang über den Pferdehof. Wenn ihr etwas wissen wollt, fragt einfach!"

Alex ruft dazwischen: „Gibt's hier auch Pferde?"

Cora tippt sich an den Kopf. „Nee, das ist
eine Hühnerfarm!"
Im Stall sind die Pferdeboxen. Ein Mann
mistet gerade aus.
Alex greift sich an die Nase. „Igitt! Cora hat
gepupst!"

Einige aus der Klasse lachen.
„Dumpfbacke!", knurrt Cora wütend.
An den Boxen stehen die Namen der
Pferde, doch keines ist im Stall. Herr
Mellinger erklärt, dass sie schon auf der
Weide oder in der Reithalle sind.

„Stimmt nicht!", sagt Alex. „Hier rennt eins im Stall rum!"

Herr Mellinger sieht sich erstaunt um.

Alex zeigt grinsend auf Cora. „Die da! Hier an der Box steht ihr Name."

„Weißt du, wo dein Name steht?", faucht Cora zurück. „Drüben am Schweinestall!"

Doro flüstert mit Herrn Mellinger, der schmunzelt und nickt.

Vor der Sattelkammer steht ein Pferd aus Holz. Eigentlich ist es nur ein dicker, glatter Holzstamm mit einem Sattel darauf und vier Beinen. Aber das Holzpferd ist so groß und hoch wie ein richtiges Pferd.

„Damit üben unsere Anfänger", erklärt Herr Mellinger. „Wer von euch kann reiten? Wer zeigt uns, wie man auf ein Pferd steigt?"

„Alex!", ruft Cora. „Der reitet wie ein Cowboy!"

„Spinnst du?", zischt Alex und mustert
unsicher das Übungspferd.
Herr Mellinger lacht. „Na gut! Dann zeigt
uns Alex das Aufsteigen nachher in der
Halle auf einem richtigen Pferd!
Einverstanden?"
„Ja!", ruft die Klasse im Chor. Alex wird
knallrot. Die Zwillinge kichern.

In der Reithalle traben einige Pferde
hintereinander. „Beim Reiten gibt es
Regeln wie im Straßenverkehr", erklärt
Herr Mellinger. „Da könnt ihr ja auch nicht
mit euren Rädern kreuz und quer
herumfahren."
Er ruft einen Reiter. Der kommt mit dem
Pferd heran. Das Pferd schnuppert

neugierig nach den Kindern, seine Ohren drehen sich aufmerksam. „Tarzan ist ein ganz Braver!", sagt Herr Mellinger und krault ihn am Hals. Einige wollen Tarzan auch streicheln.

„Wo ist unser Cowboy?", fragt Herr Mellinger. „Jetzt soll er zeigen, was er kann!"

Aber Alex ist plötzlich verschwunden. „Ich glaube, der musste aufs Klo", sagt ein Junge.

Doro flüstert zu Cora. „Ahnst du auch was?" Die Zwillinge laufen zurück zur Sattelkammer. Da steht das Holzpferd. Gerade versucht Alex verzweifelt, in den Sattel zu klettern. Doch vergebens, immer wieder rutscht er ab und fällt auf den Boden. Seine Sachen sind schon voller Stroh.

„So schwingt sich also ein echter Cowboy
aufs Pferd!", sagt Cora lachend.

„Schade, dass die anderen das nicht sehen",
grinst Doro. „Da könnten alle was lernen!"

Alex hockt mit gesenktem Kopf auf dem
Boden im Stroh. Er schämt sich.

„Bitte erzählt den anderen nichts", sagt er
stockend. „Ich habe noch nie auf einem
Pferd gesessen."

„Warum sollten wir denn nichts sagen?",
fragt Doro spöttisch.

„Die lachen mich doch aus!", schnauft Alex
weinerlich.

„Ach so!", erwidert Cora. „Aber wenn du
komische Witze über mich machst und alle
lachen, findest du das richtig!"

Alex schüttelt den Kopf. „Entschuldige, das
war doof! Ich mach's nie wieder,
versprochen!"

„Los!", sagt Doro energisch. „Dann üben wir das jetzt! Die linke Hand vorn an den Sattel und den linken Fuß in den Steigbügel. Die rechte Hand greift hinten an den Sattel."

Alex steht jammernd vor dem Holzpferd. „Das lerne ich nie!"

Cora lacht. „Willst du dich vor allen blamieren?"

Alex schüttelt den Kopf.

„Versuch es noch mal", drängt Doro. „Stoß dich mit dem rechten Fuß vom Boden ab, und zieh dich am Sattel hoch. Jetzt das rechte Bein über das Pferd!"

„Festhalten!", ruft Cora erschrocken. „Sonst krachst du auf der anderen Seite wieder runter!"

Alex sitzt tatsächlich im Sattel.

„Geschafft!", jubelt Doro.

Cora schüttelt den Kopf. „Alex, du hockst
wirklich wie ein Schwein auf dem
Klodeckel!"
Alex sagt kleinlaut: „So fühle ich mich
auch."

Plötzlich kommen Herr Mellinger und Frau
Hübner mit der Klasse. „Wir wollen auf die
Weide zu den jungen Fohlen", sagt der
Reitlehrer. „Was macht ihr hier?"
„Ach!", sagt Doro. „Alex hat uns gerade
gezeigt, wie ein echter Cowboy aufs Pferd
steigt."
Doro nickt. „Stimmt!
Das war ein tolles
Erlebnis!"

Die Klasse staunt.
Alex sitzt auf dem Holzpferd
und grinst verlegen.
Herr Mellinger lacht. „Ich glaube,
heute habt ihr alle etwas gelernt!"

Nicos neuer Freund

Nico sitzt im Baumhaus. Mit dem Fernglas späht er am Wald entlang und über die Wiesen. Aber kein Reh ist zu sehen, kein Fuchs, nicht mal ein Hase. Nur im Tal, wo der Teich liegt und ringsum Sumpf ist, hockt einsam ein Habicht auf einem Baum.

Es sind Ferien, Nicos Freunde sind alle weggefahren. Nun sitzt er allein im Baumhaus und langweilt sich.

Plötzlich taucht auf dem Hügel ein Pferd auf. Es galoppiert scheinbar ziellos über die Wiesen. Nico späht durchs Fernglas. Aber er sieht keinen Reiter.

Das Pferd hat auch keinen Sattel. Sein braunes Fell glänzt in der Sonne.

Die Mähne und der Schweif schimmern
schwarz.
Bestimmt ist es ausgerissen, denkt Nico.
Doch die Bauernhöfe sind alle weit weg.
Das Pferd bleibt stehen und schnuppert am
Gras. Durchs Fernglas sieht Nico die
dunklen Augen, die großen Nasenlöcher
und das kräftige Gebiss ganz nah. Aber
das welke Gras scheint dem Tier nicht zu
schmecken. Unwillig schüttelt es den Kopf
und guckt sich um. Da entdeckt es den
Teich im Tal.
Nico erschrickt. Wenn das Pferd dorthin
läuft, gerät es in den Sumpf.
Einmal wollten Nico und seine Freunde
erkunden, ob man im Teich baden kann.
Sie kamen jedoch nicht bis zum Wasser.
Denn einer der Freunde versank im Morast.
Nur mit Ästen und Stangen konnten die

anderen ihn herausziehen. Seither trauen sich die Jungs nicht mehr dorthin.

Nico beobachtet gespannt das Pferd. Tatsächlich läuft es geradewegs hinunter zum Sumpf.

„Nein!", schreit Nico. „Geh nicht dahin! Du versinkst!"

Das Pferd hört das Schreien. Erschrocken galoppiert es zur Seite. Ängstlich stellt es die Ohren auf. Doch das Pferd sieht Nico nicht. Es versteht seine Warnung nicht. Es trabt weiter hinunter ins Tal.

Schnell klettert Nico vom Baumhaus herab. Sein Fahrrad steht unten. Doch damit kann er nicht über die Wiesen fahren. Also rennt er los. Er hat Angst um das Pferd. Er stolpert, fällt und springt wieder auf. Seine Hose hat einen Riss. Aber er rennt weiter und schreit: „Warte, bleib stehen!"

Das Pferd sieht ihn kommen und flieht. Es will von der anderen Seite zum Wasser. Aber Nico schneidet ihm den Weg ab. Nun kann es nicht mehr zum Sumpf. Wenige Meter vor dem Jungen bleibt es stehen. Nico ist völlig außer Atem, sein Herz rast, er hat Angst. Er breitet seine Arme weit auseinander und keucht: „Du darfst nicht weiter!"

Das Pferd ist viel größer als Nico. Es könnte den Jungen umrennen. Aber es zögert. Misstrauisch hat es die Ohren angelegt. Ein Tritt seiner kräftigen Hufe würde Nico durch die Luft schleudern.

Aber Nico weicht nicht von der Stelle. „Ich tue dir nichts!", sagt er beruhigend. „Ich will dich nur beschützen!" Während Nico redet, wird das Pferd immer ruhiger. Neugierig beobachtet es den Jungen. Und als Nico auf das Tier zugeht, streckt es seinen Kopf vor und beschnuppert die ausgestreckte Hand.

Plötzlich kommt ein Jeep den Hügel herab direkt auf sie zu. Er hält, und ein Mann springt aus dem Auto. „Herkules!", ruft er. Das Pferd läuft zu dem Mann, der tätschelt es am Hals.

„Du hast ihn vom Sumpf ferngehalten, stimmt's?", fragt der Mann.

Nico nickt. Der Mann gibt Nico die Hand.
„Ich bin der Bauer Heinrich vom Mühlenhof.
Du bist sehr mutig. Wie kann ich mich bei
dir bedanken?"
Nico überlegt. Dann hat er eine Idee. „Ich
würde gerne reiten lernen."
„Du kannst kommen, wann immer du
willst", sagt Bauer Heinrich. „Und wenn
Herkules nun einen Freund hat, reißt er
bestimmt nicht mehr aus!"

Ponygeschichten

Der Neue im Stall

Mit Herzklopfen und Kribbeln im Bauch
ging Benjamin auf den Pferdestall zu.
Gelächter und Stimmen drangen heraus
und das Schnauben der Tiere. Herr
Hübner, der Reitlehrer, hatte ihm die
Koppeln, den Voltigierplatz und die
Reithalle des Ponyhofs gezeigt. Nun
betraten sie den Stall.

„Hallo, Freunde", rief Herr Hübner. Das

Lachen und Reden verstummte, selbst die Tiere drehten neugierig die Köpfe zu ihnen. Benjamin sah vier Mädchen und zwei Jungen. Sie tränkten, fütterten oder striegelten die Ponys.

„Das ist Benjamin", sagte Herr Hübner. „Er ist neu in der Stadt und möchte gern bei uns reiten. Natürlich wird er auch kräftig bei der Stallarbeit mit anpacken und viel Spaß mit euch und den Pferden haben. Unser Freund ist übrigens kein Anfänger mehr. Er hat auf einem großen Gestüt schon viel gelernt.

Aber das kann er euch selbst erzählen. Ich muss jetzt nämlich einen anderen Neuling abholen!", verkündete er und verschwand.

Die Kinder musterten Benjamin. Sein Herzklopfen und das Kribbeln im Bauch wurden dabei nicht geringer. „Hallo", sagte er unsicher. „Was kann ich tun?"

Ein Mädchen mit roter Reitkappe gab ihm lächelnd die Hand. „Ich bin Miriam, aber alle nennen mich Mira."

Das Mädchen, das gerade ein Pony striegelte, sagte: „Ich heiße Yildiz, und das ist Asterix, mein Lieblingspony. Er springt am höchsten von allen Ponys auf dem Hof."

Einer der Jungs hielt ihm eine Mistgabel hin und meinte grinsend: „Hast du in deinem berühmten Gestüt auch ausmisten gelernt? Oder sind bei euch die Pferde zum Pinkeln auf den Misthaufen getrabt?"

Die Kinder lachten. Mira meinte: „Echt
Bodo!" Benjamin wusste nicht, was er
antworten sollte, und nahm wortlos die
Gabel.
Wenig später hatte Benjamin vier
Schubkarren voll Mist aus dem Stall
gefahren. Und jedes Mal hatte ihm Bodo

grinsend ein paar Gabeln Mist mehr auf die Karre geworfen. Die fünfte Karre war so schwer, dass er sie kaum anheben konnte. Mitten im Stallgang rutschte er aus, die Karre kippte um, und der ganze Mist fiel auf den Boden. Alle lachten. Benjamin wurde knallrot im Gesicht und rannte aus dem Stall. Mira rief etwas, doch das verstand er nicht mehr.

Er lief zur Koppel und hockte sich auf den Zaun. Er dachte an seine Freunde im Gestüt, wo ihn keiner geärgert oder ausgelacht hatte. Auf der Weide tollten übermütig drei Haflinger.

Neugierig trabten sie heran. Es waren eine Stute und zwei Hengstponys. Sie reckten ihre Hälse. Benjamin strich ihnen über den Schopf. Als sie merkten, dass es keine Leckerli gab, galoppierten sie wieder davon.

Ein Jeep mit Anhänger hielt hinter Benjamin. Herr Hübner stieg aus, zeigte auf die Ponys und sagte: „Die fühlen sich richtig wohl. Aber du scheinst nicht sehr glücklich zu sein, oder?"

Benjamin sprang vom Zaun. „Ich haue ab. Die wollen mich nicht."

Herr Hübner legte ihm die Hand auf die Schulter: „Und wieso?"

Benjamin zögerte, dann erzählte er alles. „Deshalb willst du aufgeben?", meinte Herr Hübner nachdenklich. „Warte, ich will dir etwas zeigen."

Er öffnete die Ladebordwand des Anhängers und führte einen kräftigen Haflinger zur Gattertür. Die Stute wieherte. Und kaum hatte Herr Hübner das Gatter geöffnet, lief der Haflingerhengst zu ihr. Im selben Augenblick stürmten die anderen

beiden Hengste heran. Einer stellte sich
schützend vor die Stute. Der andere stieg
drohend auf die Hinterbeine. Auch der
neue richtete sich hoch auf. Sie wieherten,
schüttelten die Mähnen und trommelten mit
ihren Hufen aufeinander ein.

„Oh!", rief Benjamin erschrocken. „Die tun sich doch weh!"

Herr Hübner schüttelte den Kopf. „Das ist halb so schlimm, wie es aussieht. Die Hengste sind etwas eifersüchtig. Aber der neue wird sich schon behaupten. Wart's ab", sagte Herr Hübner schmunzelnd. „In ein paar Stunden haben sie sich aneinander gewöhnt und sind die dicksten Freunde. Wetten?"

Benjamin zuckte mit den Schultern und beobachtete die Haflinger.

Bodo, Mira, Yildiz und die anderen kamen heran. „Wir möchten zur alten Mühle reiten", sagte Yildiz.

Herr Hübner nickte. „Gut, wo ist das
Problem?"
„Na ja", murmelte Mira und stieß Bodo an.
Bodo räusperte sich. „Wir wollten fragen,
ob Benjamin Lust hat mitzukommen."
Herr Hübner lachte. „Frag ihn doch
selbst!"
Mira lächelte. Benjamin hatte wieder so ein
Kribbeln im Bauch. Und Bodo grinste ihn
an. „Was ist? Reitest du mit?"

Unzertrennliche Freunde

Alles begann am Samstag, den 1. April.
Mutter räumte gerade den Frühstückstisch
ab, Isabell und Jens halfen dabei. Vater las
in der Zeitung. Plötzlich lachte er laut auf.
„Wisst ihr, was hier steht? Verkaufe
Pony . . .“
Isabell unterbrach ihn neugierig: „Ein
richtiges Pony?“
Vor einem Jahr war die Familie nämlich auf
einen Bauernhof gezogen. Damals hatte
sich Mutter stets frische Eier gewünscht,
Jens einen Hund, Vater einen Teich mit
Zierfischen und Isabell ein Pferd.
Inzwischen gab es die Hühner Berta,
Bianca und Beate, den Dackel Gustav und
etwa zehn namenlose Goldfische.
Manchmal raschelten auch ein paar Mäuse

im Stall. Nur das Pferd gab es noch nicht.
Deshalb radelte die achtjährige Isabell
jeden Nachmittag zum Reiterhof ins
Nachbardorf.
„Bitte lasst uns das Pony kaufen", rief
Isabell aufgeregt.
Vater nickte lachend. „Ja. Aber wir müssen
ein Schwein mitnehmen!"
„Wie bitte?", fragte Mutter schmunzelnd.

„Ein Schwein? Du veralberst uns!" Der 14-jährige Jens meinte nur: „April! April!"

Vater tippte auf die Zeitung. „Hier steht wirklich: ‚Verkaufe Pony mit Schwein.'"

„Bitte, bitte, ich möchte das Pony!", bettelte Isabell.

„Und was machen wir mit dem Schwein?", fragte Mutter.

Die Eltern und Jens waren sich schnell einig, dass diese Anzeige nur ein Aprilscherz sein konnte. Aber Isabell drängelte und bat. Also setzte sich die Familie schließlich ins Auto. Nach einer halben Stunde und einige Dörfer weiter fanden sie den Bauern. Als sie ihn nach dem Pony fragten, zeigte er schmunzelnd zur Koppel. „Da drüben steht Max!" Isabell rannte sofort hin. „Ein echtes Shetlandpony!", kreischte sie vor Freude.

Neugierig kam das Pony an den Zaun. Sein
Fell glänzte goldgelb in der Sonne.

Die üppige Mähne, der Schopf und der lange Schweif leuchteten weiß. Es streckte das Maul vor, schnaubte durch die Nüstern und beroch Isabell.

Isabell gab ihm eine Möhre. Das Pony futterte sie auf und ließ sich wohlig am Hals kraulen. „Seht ihr, es mag mich!", sagte Isabell glücklich.

„Ein schönes Tier!", stimmte die Mutter zu. Plötzlich quiekte es laut am Ende der Koppel. Das Pony warf den Kopf zurück und wieherte. Da kroch grunzend ein Schwein aus dem Gebüsch und galoppierte auf sie zu. Es war fett, rosa und über und über mit Schlamm besudelt. Sein Hängebauch schwabbelte hin und her. Isabell, Jens und die Mutter starrten ihm sprachlos entgegen.

„Es ist doch kein Aprilscherz!", sagte der

Vater etwas hilflos. Er hatte mittlerweile mit
dem Bauern geredet. „Das Schwein heißt
Moritz. Angeblich ist es der beste Freund
von Max."

Isabell klatschte in die Hände. „Max und
Moritz, das passt doch gut zusammen!"
Moritz schob seinen Rüssel durch den
Zaun und kaute genüsslich grunzend an
Mutters Rock. Erschrocken sprang sie

zurück und rief: „Müssen wir dieses Monster etwa mitkaufen?"

Vater zuckte unsicher mit den Schultern.

Jens stöhnte: „Igitt, wie das stinkt!" Aber Isabell sagte zuversichtlich: „Wenn wir es baden und mit Parfüm einreiben, riecht es bestimmt gut!"

Entsetzt schlug Mutter die Hände über dem Kopf zusammen: „Seid ihr verrückt? Von einem Schwein war nie die Rede!"

„Aber ich möchte das Pony!", bat Isabell und umarmte den Hals des Pferdes. Moritz drehte sich quiekend um. Da zog das Pony seinen Kopf aus den Armen des Mädchens und wieherte. Und gemeinsam und nebeneinander liefen beide davon. Ab und zu stupste Max seinen Freund mit dem Maul an. Dann grunzte Moritz zufrieden, und das Pony wedelte glücklich mit dem Schweif.

„Max, bleib hier!", rief Isabell ihm nach.

Der Bauer zeigte ihnen die schriftlichen Untersuchungen vom Tierarzt, einen Lebenslauf des Ponys und den Kaufvertrag. Max war acht Jahre und gut eingeritten. Der Bauer bot ihnen auch Sattelzeug, Zügel und den kompletten Putzkasten für einen günstigen Preis an. Seit seine Tochter nämlich zum Studium in eine ferne Stadt gezogen war, hatte niemand mehr Zeit für das Pferd.

Mit Max war also alles in Ordnung, alle mochten ihn. Das Problem war Moritz, denn das Schwein wollten die Eltern auf keinen Fall.

„Ich verstehe sie", sagte der Bauer. „Aber ohne Schwein wird es schwierig. Die beiden sind nämlich richtige Freunde."

Sie diskutierten noch eine Weile.

Schließlich gab der Bauer nach, änderte den Kaufvertrag und behielt Moritz, das Schwein.

Isabell war überglücklich, die Eltern verabschiedeten sich zufrieden. Nur der Bauer murmelte nachdenklich: „Wenn das mal gut geht!"

Einen Monat baute und werkelte die ganze Familie, dann war der Stall hergerichtet. Es gab eine helle, geräumige Box mit Stroh, die Tränke, den Futterkasten, eine Ecke für Sattel- und Putzzeug, und auf dem Dachboden lagerte Heu. Sogar den Zaun um die Wiese hatte der Vater repariert.

Es war wieder ein Samstag, an dem die Familie mit einem Anhänger vom Reiterhof losfuhr, um Max abzuholen.

Isabell sprang als Erste aus dem Auto und rannte zur Koppel. Max kam ihr entgegen

und schien sie sogar wiederzuerkennen.
Der Bauer hatte alles vorbereitet.
Beruhigend redete er auf das Pferd ein, als
er es am Zügel zum Anhänger führte.
Kurz davor jedoch ertönte ein
durchdringendes Quieken aus dem
Gebüsch auf der Koppel. Max spitzte die
Ohren, drehte den Kopf, wieherte laut und
stieg mit den Vorderbeinen hoch.

Der Bauer konnte die Zügel nicht halten, und im schnellen Galopp lief das Pony zurück auf die Weide. Ängstlich quiekend und mit schwabbelndem Bauch, rannte ihm Moritz entgegen. Max stupste ihn an und wedelte mit dem Schweif.

„Das habe ich befürchtet!", stöhnte der Bauer und kratzte sich am Kopf. „Wir kriegen ihn nur auf den Anhänger, wenn wir zuerst das Schwein aufladen!"

Mutter schüttelte wortlos den Kopf, Vater zuckte hilflos mit den Schultern, Jens lachte laut, und Isabell zitterte vor Aufregung. Der Bauer holte das Schwein. Misstrauisch tappte Moritz zum Hänger, Max tänzelte unsicher neben ihm her. Wenn das Schwein zögerte oder stehen blieb, bockte das Pony und ging keinen einzigen Zentimeter weiter.

Nach endlosen zwanzig Minuten hockte das Schwein endlich oben auf dem Anhänger, und das Pony stand daneben. „Geschafft!", stöhnten die Eltern erleichtert. Aber der Bauer schüttelte den Kopf. „Irrtum. Erst müssen wir das Schwein wieder vom Hänger haben!" Vorsichtig band er das Pferd an. Als er aber das Schwein vom Wagen ziehen wollte, weigerte es sich wütend. Es quiekte so schrill, dass das Pony an der Leine zerrte und wütend die Hufe gegen die Wagenwand donnerte. Mit einem Sprung rettete sich der Bauer vom Hänger. Erschrocken wischte er sich den Schweiß von der Stirn und keuchte: „Wenn wir die beiden trennen wollen, hauen die ihren Transporter kurz und klein!"

Inzwischen war es Spätsommer und fast ein halbes Jahr vergangen. Viel, viel Aufregendes war passiert.

Zeitungsreporter, sogar Kameraleute vom Fernsehen waren auf den Bauernhof gekommen. Sie hatten alles fotografiert und gefilmt: den Teich mit den Goldfischen, die Hühner Berta, Bianca und Beate, den Dackel Gustav und die ganze Familie. Ursache für dieses Aufsehen war die ungewöhnliche Freundschaft zwischen einem Mädchen, einem Pferd und einem Schwein, die bald über das Dorf hinaus bekannt geworden war.

Das schönste Foto dieser Freundschaft hatte ihnen ein Reporter geschickt, und die Eltern haben es vergrößern und einrahmen lassen. Auf dem Bild reitet Isabell lachend über eine Wiese, die Mähne von Max ist zu

kleinen Zöpfen geflochten und mit bunten
Bändern verziert. Neben ihm rennt Moritz
mit schwabbelndem Bauch. Seine Haut ist
blitzsauber rosa und duftet sogar nach
Parfüm. Aber das riecht man auf dem Foto
natürlich nicht.

Tina lernt reiten

Die dicke Tina hockte im Wald hoch oben auf einem Ast und ließ die Beine baumeln. Neben ihr baumelte ein Feuerwehrhelm. Die Sonne schien durch die Blätter, ringsherum zwitscherten Vögel. Aber Tina trotzte. Tina war wütend. Auf alle und alles. Auf die ganze Welt. Vor allem aber auf die „Roten Spatzen". Das war die Kindergruppe der Feuerwehr von Biberdorf. „Alle ‚Roten Spatzen' sind doof!", schrie Tina in den Wald. Dann lauschte sie. Aber niemand antwortete. Nur die Vögel zwitscherten.

Plötzlich raschelte und knackte es. Tina zuckte zusammen. Das klingt wie Schritte, dachte sie, wie große, schwere Schritte.

Jemand stapft durch den Wald. Vielleicht
ein Riese oder gar zwei?
„Quatsch!", murmelte Tina vor sich hin.
„Riesen gibt es nur im Märchen."
Trotzdem war ihr mulmig, denn die Schritte
kamen immer näher. Jetzt war auch noch
ein lautes Schnaufen zu hören.

Wildschweine, fiel ihr ein, bestimmt eine ganze Horde! Die können ganz schön wild sein, vor allem aber gefährlich! Die können sogar Bäume ausgraben und umstoßen. Oder tagelang einen Baum belagern. Das hatte sie im Fernsehen gesehen.

Ängstlich spähte Tina durch die Blätter.

Nun bereute sie doch, dass sie weggelaufen war, vor allem in den Wald. Wer würde sie hier suchen?

Wenn ich mucksmäuschenstill bleibe, bemerken die Wildschweine mich nicht, dachte Tina. Und wenn sie weg sind, kann ich nach Hause laufen. Schnell schloss sie die Augen. Sie traute sich nicht mal zu atmen. Das Schnaufen und Rascheln war nun ganz nah.

Mit einem Auge lugte sie nach unten. Gleich darauf riss sie beide erstaunt auf. Da stand ein Pony und guckte zu ihr herauf, ein richtiges Pony!

„Spinnst du?", fauchte Tina wütend. „Mich so zu erschrecken!"

Das Pony wieherte, lehnte sich an den Baum und rubbelte sein Fell. Der Stamm wackelte. Tinas Ast wackelte mit. „Hör auf,

du doofer Gaul. Ich falle noch runter",
schrie sie und warf den Feuerwehrhelm
nach dem Pony. Das sprang erschrocken
zurück.

„Verschwinde nach Hause, sonst schlachten sie dich", drohte Tina. Das mit dem Schlachten hatte ihr Jana vom Ponyhof erzählt. Da war ein Pferd ständig ausgebrochen und hatte alle gebissen. Jana erzählte übrigens dauernd vom Ponyhof. Aber Tina interessierte das nicht. Tina interessierte sich nur für die Feuerwehr, schon immer.

Jetzt schnaubte das Pony und schaute sie mit großen Augen an.

„Was glotzt du?",
fragte sie trotzig. „Hast
du noch nie jemanden
in Feuerwehruniform
gesehen? Meinetwegen
kannst du sie haben und
den Helm dazu. Dann kannst
du zu den ‚Roten Spatzen' gehen.
Vielleicht wollen die dich ja lieber haben
als mich."
Das Pferd scharrte mit den Vorderhufen auf
dem Waldboden. Tina sah, dass es klein
und ganz schön rund war. Schadenfroh
sagte sie: „Vergiss es, die nehmen dich
auch nicht mit zum Feuerwehrwettkampf.
Du kannst nie durch die Röhre kriechen,
und über die Bretterwand kommst du erst
recht nicht. Du bist noch viel dicker als ich,
ätsch!"

Tina beobachtete, wie das Pony im Laub schnüffelte. „Weißt du eigentlich, dass es früher Pferde bei der Feuerwehr gab?", erklärte sie. „Die haben die Spritzenwagen gezogen. Aber heute machen das Autos." Das Pony reagierte nicht. Die Sonne verschwand, langsam wurde es kühl. „Warum bist du vom Ponyhof abgehauen? Haben sie dir auch gesagt, dass du zu dick bist?", fragte sie neugierig und lachte: „Klar, für die Feuerwehr bist du zu dick und zum Reiten bestimmt auch." Das Pony schnaubte und trottete langsam davon. „He! Lauf nicht weg, ich hab's nicht so gemeint", sagte Tina rasch. „Außerdem findest du alleine nicht nach Hause. Und vielleicht schlachten sie dich dann!" Aber das Pony hörte sie nicht und lief weiter. Es dämmerte schon.

„Bitte, bitte!", rief Tina ängstlich. „Du kannst
mich nicht allein im Wald lassen." Sie
rutschte am Stamm runter und lief dem Pony

hinterher. Als sie es eingeholt hatte, strich sie ihm über Hals und Mähne. Es fühlte sich wunderbar an. „Hab keine Angst, ich bin

doch bei dir", sagte sie froh. „Außerdem müssen wir Dicken zusammenhalten."
Das Pony nickte schnaubend.
Mühsam hangelte sie sich an einem Ast hoch und kletterte auf das Pferd. „Geht doch!", meinte Tina keuchend. „Und viel

leichter als bei der Bretterwand." Sie griff
in die dichte Mähne, ruckelte mit dem
Hintern und sagte einfach „Hü!". Das Pony
lief tatsächlich los. Tina betrachtete vom
Ponyrücken aus den vorbeiziehenden
Wald. Und sie fühlte sich wunderbar wohl
und sicher auf dem Pony.
„Eigentlich bist du zum Reiten gar nicht zu
dick", sagte sie vergnügt.
„Und ich auch nicht,
stimmt's?"

Ein Pony für die Ferien

Lukas radelte auf dem Weg durch die
Wiesen und überlegte, ob er zum
Baumhaus fahren sollte oder zum Floß am
See. Das verlassene Baumhaus im Wald
hatte er mit seinem Freund Gabriel
entdeckt. Das Floß jedoch hatten beide
selbst gebaut. Damit wollten sie in den
Sommerferien den See überqueren.
Nun waren die Ferien da. Aber Gabriel
musste mit den Eltern nach Italien fahren,
ganze lange drei Wochen. Und allein hatte
Lukas keine Lust, weder für das Baumhaus
noch für das Floß. Das werden langweilige
Ferien, dachte er traurig.
Plötzlich sprang ein Hase auf den Weg.
Lukas trat in die Pedale und jagte ihm
nach. Und als der Hase in einen Seitenweg

flitzte, verfolgte er ihn weiter.

Kurz hinter einer Kurve jedoch endete der

Weg. Fast wäre Lukas gegen ein altes

Brettertor geknallt. Der Hase war weg.

Lukas wollte schon umdrehen, als es hinter

dem Tor schnaubte.

Neugierig lehnte er sein Rad an die

Bretterwand, hangelte sich am morschen

Holz hoch und sah plötzlich in zwei große dunkle Pferdeaugen. Sie waren direkt unter ihm.

Ruckartig reckte das Pony das Maul und bleckte die kräftigen Zähne wenige Zentimeter vor seinem Gesicht. Lukas traute sich nicht, sich zu bewegen.

„Nicht beißen", flüsterte er ängstlich. „Ich tu dir nichts."

Das Pony musterte ihn mit spitzen Ohren und sog kräftig seinen Geruch ein. Dann schnaubte es, schüttelte die dichte Mähne und trottete davon.

Lukas atmete auf und betrachtete das Tier. Es war ein Schimmel. Sein Fell war struppig, dreckig und grau. Teilnahmslos ließ es den Kopf hängen und starrte auf das grüne Gras.

„He, was suchst du hier?", schnarrte plötzlich eine Stimme hinter ihm. „Du willst wohl meine Kirschen klauen!" Ein alter Mann schlurfte den Weg heran und drohte mit dem Krückstock.

„Ich . . . ich habe bloß das Pferd angeguckt", stotterte Lukas erschrocken und sprang vom Tor.

Der Alte musterte ihn misstrauisch. Dann stieß er das Tor auf. Das Pony trabte heran. Mit zittriger Hand tätschelte er seinen Hals.

„Beißt es?", fragte Lukas vorsichtig.

„Quatsch!", knurrte der Alte. „Es ist bloß verwahrlost. Keiner kümmert sich um das Tier.

Wer bist du überhaupt?"

„Ich . . . ich bin Lukas", antwortete Lukas.

„Darf ich es mal streicheln?"

„Es heißt Anton", brummte der Alte und
gab Lukas einen Apfel. „Halt ihn auf der
flachen Hand hin."

Lukas hatte Angst, als das Pony den Apfel
nahm. Es kitzelte und war nass. Schnell
zog er die Hand zurück und wischte sie an
der Hose ab.

Das Pony stupste ihn an. Der Alte lachte.

„Jetzt kannst du es streicheln."

Lukas blieb den ganzen Nachmittag. Er
streichelte das Pony, er führte es an der
Leine über die Wiese oder sah ihm nach,
wenn es davongaloppierte.

Er erzählte dem Alten von Gabriel, vom
Baumhaus und dem Floß am See. Und der
Alte machte ihm vor, wie man mit der

Zunge schnalzt. Lukas machte es nach, und das Pony kam zu ihm. Und als Lukas auf seinen Rücken kletterte, lief es ruhig mit ihm im Kreis.

Der Alte zeigte ihm auch den Schuppen und wie man mit einem Striegel das Fell putzt oder mit der Kratze die Hufe säubert. Das Pony ließ alles geschehen. Es hatte sich an Lukas gewöhnt.
„Ich bin wirklich zu alt", brummte der Alte zum Abschied. „Deshalb würde Anton sich bestimmt freuen, wenn du wieder kommst."
Lukas nickte glücklich. „Ich komme jeden Tag, versprochen!"

Der Alte lachte und zeigte mit dem Krückstock zu den Bäumen am Ende der Wiese. „Morgen musst du unbedingt meine Kirschen kosten, sie sind wirklich die süßesten!"

Als Lukas den Weg nach Hause radelte, schwirrten die Gedanken in seinem Kopf herum wie Bienen in einem Bienenhaus. Er wusste nicht, was er zuerst denken sollte. Aber er wusste, dass er einen neuen Freund gefunden hatte und die Sommerferien bestimmt ungeheuer aufregend werden würden.

Das Geburtstagspony

Svenja sammelte alles über Ponys: Poster, Bücher, Postkarten und was ihr sonst noch in die Finger kam. Sie wohnte in einer großen Stadt, wo es Hochhäuser, Autos und Straßenbahnen gab, aber nur wenige Bäume und leider kein einziges Pony.
Sheila dagegen lebte auf einem Ferienhof mit dem schönen Namen „Ponyland".
Am liebsten rannte sie stundenlang über Wiesen.
Beide hatten sich im Sommer vor drei Jahren kennengelernt, gerade zu Svenjas Geburtstag. Sie hatten sich sofort gemocht. Seither wünschte sich Svenja jedes Jahr zum Geburtstag eine Woche Ferien mit Sheila.
An ihrem achten Geburtstag fuhr Svenja

mit den Eltern wieder auf den Ferienhof.
Sie hatte ein Geschenk für ihre Freundin
gebastelt, ein Stirnband mit Lederstreifen
und Perlen. Das sah lustig aus und
schützte gegen lästige Mücken. Sheila war
nämlich ein Pony.

Kaum hielt das Auto auf dem Ferienhof,
rannte Svenja schon zum Stall. Herr Möller
vom „Ponyland" begrüßte die Eltern und
blickte Svenja schmunzelnd hinterher:
„Ihre Tochter wird bestimmt überrascht
sein!"

Svenja stand wie angewurzelt in der Box
und starrte Sheila fassungslos an. „Wie
siehst du denn aus?"
Die Ponystute war ungeheuer dick. Wie
eine Tonne wölbte sich ihr Bauch und hing
schwer herab.

„Sheila ist trächtig!", sagte Herr Möller.
„Du wirst mit einem anderen Pony reiten
müssen."
Svenja guckte verständnislos. Mutter
versuchte zu erklären: „Deine Freundin
bekommt ein Fohlen."

„Wahrscheinlich schon heute oder morgen Nacht", sagte Herr Möller. „Freust du dich, Svenja?"

Svenja warf sich in der Ferienwohnung auf ihr Bett, drückte das Gesicht ins Kissen und schluchzte: „Das ist gemein! Ich habe mich so auf Sheila gefreut!"

„Ein kleines Fohlen ist doch etwas Wunderbares", tröstete die Mutter. Svenja drückte ihr Gesicht tiefer ins Kissen und schluchzte noch mehr.

Plötzlich klopfte es an die Tür. „Es gibt eine Sturmwarnung", sagte Herr Möller ernst. „Könnten Sie mir helfen, die Pferde von der Koppel zu holen?"

Die Eltern nickten: „Möchtest du mitkommen, Svenja?"

Svenja schüttelte den Kopf.

Schwarze Wolken zogen heran. Gleich darauf fuhren grelle Blitze vom Himmel herab, und krachender Donner war zu hören, dann prasselten dicke Regentropfen.

Svenja fürchtete sich. Niemand war da. Aus dem Stall tönte hilfloses Wiehern. Svenja rannte über den Hof. Klitschnass und zitternd stand sie vor der Box. Sheila ging aufgeregt umher, ihr Blick war unruhig, ihr Fell voller Schweiß. Ihr Bauch sah aus, als würde er jeden Moment platzen.

„Hab keine Angst!", flüsterte Svenja. „Ich bin doch bei dir!"

Plötzlich streckte sich die Ponystute im Stroh aus. Ihr Körper ruckte und zuckte. Svenja erschrak. Sie wusste nicht, was passierte. Sie wusste nur, dass Pferde sich eigentlich nie hinlegen.

Svenja rannte zum Tor und schrie: „Herr Möller! Herr Möller!" Doch ihre Schreie gingen unter im Krachen der Donner und im Rauschen des Regens.

Sie lief zurück zur Box, umarmte Sheilas Kopf und weinte vor Angst und Hilflosigkeit. „Bitte, bitte, steh auf! Die kommen bestimmt gleich zurück!"

Mit einem Ruck entzog sich die Stute der
Umarmung und sah zu ihrem Hinterteil. Da
erschien plötzlich ein kleiner Pferdekopf.
Vor Aufregung hielt Svenja den Atem an.
Dem Kopf folgten zwei ausgestreckte
Beine, ein Leib und noch mal zwei Beine.
Dann lag das Fohlen im Stroh.
Reglos bestaunte Svenja das kleine Pony.

Es war blutig und nass. Die Stute stupste
es an, bis es aufstand und mit zittrigen
Beinen umherstakste. Dann begann sie,
das Kleine abzulecken. Svenja half ihr und
rieb vorsichtig das Fell des Fohlens mit
Stroh trocken und sauber.
Das Tor ging auf, die Eltern und Herr
Möller erschienen im Stall.

„Hier bist du!", rief die Mutter erstaunt.
Und Svenja erzählte ihnen glücklich von
der Geburt des Fohlens.
Herr Möller sagte zufrieden: „Es ist ein
Mädchen. Wollen wir es Svenja nennen?"
„Ja!", jubelte Svenja. „Außerdem haben
wir am selben Tag Geburtstag!"

Kurze Geschichten

Magische
Tiergeschichten
978-3-401-71158-4

Baumhausgeschichten
978-3-401-70079-3

Ballettgeschichten
978-3-401-70050-2

Freundschafts-
geschichten
978-3-401-70074-8

Jeder Band: Ab 7/8 Jahren · Kurze Geschichten · Durchgehend farbig illustriert
72 Seiten · Gebunden · Format 15,9 x 21,1 cm

it Bücherbärfigur am
esebändchen

Kurze Geschichten zu einem
Thema für fortgeschrittene Leser

Hoher Illustrationsanteil

Fibelschrift

fließen, teilt die Wellen, schwimmt und gleitet
um die anderen Wasserwesen herum.
Und Schluss! Und Beifall und Juuu-Rufe.
Und abtanzen.
Eine kleine Gruppe aus großen Mädchen
bleibt zum Umziehen neben der Bühne.
Mama kündigt einen Pausenfüller an,
während Illa und die anderen sich in Tiger,
Löwen, Affen und Bären verwandeln.
Aber . . . der Tüll! In der kalten Luft werden
Illas Finger klamm und steif.

14

Der Tüllschweif verklemmt sich. Oh, nein!
Illa zerrt und zupft. Die anderen sind schon
fertig aufgestellt. Illa steht immer noch im
Nixenkleid da. „Jana, hilf mir!"
Jana versucht es, aber der Tüll verklemmt
sich nur noch mehr.
Die Musik setzt ein. Gleich muss Illa als
Tiger auf die Bühne springen. Egal.
Sie zieht einfach das Tigerkostüm über
das Nixenkleid. Jana stopft den Tüll, so gut
es geht, ins Tigerfell.

15

Innenseite aus »Ballettgeschichten«
ISBN 978-3-401-70050-2

In mehreren Geschichten für geübtere Leser zu einem attraktiven Kinderthema
gibt es viel Spannendes und Neues zu entdecken. Alle Geschichten sind von
bekannten Autoren.

In Zusammenarbeit mit
westermann